Roberto Fernández Iglesias

Canciones retorcidas, Resorte y otras formas

artepoética
press

Nueva York, 2015

Title: Canciones retorcidas, Resorte y otras formas
ISBN-10:1940075122
ISBN-13:978-1-940075-12-9

Design: © Ana Paola González
Cover & Image: © Jhon Aguasaco
Author's photo by: © Carlos Aguasaco
Editor in chief: Carlos Aguasaco
E-mail: carlos@artepoetica.com
Mail: 38-38 215 Place, Bayside, NY 11361, USA.

Índice

ROBERTO FERNÁNDEZ IGLESIAS:
POETA QUE SE ASOMBRA Y ASOMBRA

En este momento que vivimos, de avanzada tecnología, donde se pública acá, allá y en todos lados libros de toda índole, y también de poesía, donde la mercadotecnia de la industria editorial invierte una alta cantidad de dinero para vender su producto, sobre todo para los libros de superación personal pero no para los de poesía y menos para poetas con nombres que todavía no han sonado por ningún lado, pues la poesía no es redituable, no es consumible. Además con el agravante, y es de más sabido, al menos en México, que la Organización para la Cooperación y el Desarrollo Económico (OCDE), ha demostrado que en educación, los niños y jóvenes están reprobados en matemáticas y lectura, por lo tanto hay poco consumo de lectura de libros, y mucho menos comprar un libro de poesía, y leerlo es casi una proeza.

Mucho se ha discutido si se lee o no se lee, sobre todo ahora con los teléfonos celulares de última generación, las *tablets* o las computadoras incluidas, por supuesto, Internet, y la acción de lectura siempre seguirá, solo cambiará el objeto, ya sea libro o pantalla y la pregunta está latente ¿y qué pasa con leer poesía?

Octavio Paz escribió en *El arco y la lira* que "la poesía pertenece a todas las épocas: es la forma natural de expresión de los hombres. No hay pueblo sin poesía; los hay sin prosa" (Paz, 1973: 68). Efectivamente siempre se ha escrito poesía, porque ha sido y es una expresión propia de cada sociedad.

La poesía es sabiduría, cultura, liberación, redención, poder, alimento, angustia, soledad, muerte, libertad, historia, filosofía, entre muchas otras cosas más, pero lo que sustenta a todo lo anterior es el lenguaje porque solo a través de este la voluntad creadora será, ya Octavio Paz lo afirma diciendo: "sí, el lenguaje es poesía y cada palabra esconde una cierta carga metafórica dispuesta a estallar apenas se toca el resorte secreto, pero la fuerza creadora de la palabra reside en el hombre que la pronuncia. El hombre pone en marcha el lenguaje" (*Ibidem*: 37) y es el poeta dueño ya del lenguaje poético, que ha desmenuzado las palabras, las ha separado de sus conexiones y ocupaciones habituales para convertirlas en un poema.

En México, lugar donde vivo, se dice que en los estados del sur del país como Chiapas, Tabasco, Quintana Roo o Veracruz, cuando levantas una piedra aparece un poeta, de tal manera hay muchos poetas y me hace recordar un poema de Charles Bukowski que finaliza "como dijo Dios mientras cruzaba las piernas: 'he creado muchos poetas, pero no tanta poesía'".

En los tiempos que corren se publica mucha poesía y por lo tanto esos muchos se creen poetas, la realidad muestra que no es así, que hay un vacío, vivimos en una sociedad ágrafa, si no hay lectura por lo tanto no hay escritura.

Escribe Gabriel Zaid que para leer poesía "no hay receta posible. Cada lector es un mundo, cada lectura diferente" (Zaid, 1987: 7), pues toda lectura depende del horizonte de expectativa del lector. Ante esta reflexión, para adentrarse en la poesía de Roberto Fernández Iglesias uno debe estar atento, agudo, perspicaz, despierto y despabilado para embarcarse en esas aguas a veces diáfanas, a veces difíciles y, señala Octavio Paz, "la poesía no es la suma de todos los poemas. Por sí misma, cada creación poética es una unidad autosuficiente. La parte es el todo. Cada poema es único, irreductible e irrepetible" (Paz, 1973: 15) ya que en el trabajo poético de Fernández Iglesias hay seriedad, consistencia, sistematicidad y sobre todo creatividad que se avala a través de su largo quehacer intelectual y cultural que emana en cada clase, conferencia o charla que imparte o improvisa, ya sea con alumnos o bien con amigos, y todos los días de su vida y por supuesto también lo escribe con un lenguaje poético cuando dice:

> *(memorando permanente)*
> *Hoy quiero estudiar*
> *y también quiero escribir*
> *Si esa no es vida*

no me importa estar vivo

Vamos por partes, el texto *Canciones retorcidas* de Fernández Iglesias fue ganador del Concurso Literario Ricardo Miró, en la República de Panamá en 1973, siendo jurados Aristides Martínez Ortega y el poeta mexicano José Emilio Pacheco y declaran que eligieron esta obra porque "tienen la certeza de que se trata de un libro de verdadera originalidad y fuerza expresiva, escrito en lenguaje depurado, a la vez poético y coloquial, de gran concentración y laconismo".

Cuando Fernández Iglesias ganó el Concurso Literario Ricardo Miró tenía 32 años, y los jurados lo calificaron como un poeta que entraba a "las nuevas corrientes de la poesía en lengua española" y ya se denotaban las influencias de Rubén Darío, T.S. Eliot, Ezra Pound, Pablo Neruda, Vicente Huidobro, Luis Cernuda, Jorge Luis Borges, Walt Whitman, entre otros muchos; además de sumar novelistas y por supuesto ensayistas y todas las inmensas lecturas que llevaba a cuestas este perseverante lector.

Canciones retorcidas está constituido por poemas breves, concisos y algunos sobrios, con un lenguaje limpio, directo como:

> *Todos recuerdan al viejo*
> *y La Historia del Grano de Trigo*
> *que esa noche relató*
> *todos recuerdan*
>   *las sensaciones*
> *pero nadie puede*
> *por más esfuerzos que haga*
> *volver*
>   *a*
>   *contar*
>   *la*
>   *historia*

Fernández Iglesias usa palabras para dar forma a su poema, lenguaje es significado que puede ser capaz de trascender el sentido y decir lo indecible.

Los temas que toca el autor son variados y recurrentes y de todos los días, por ejemplo, una empleada embarazada:

> *En el restaurante*
> *donde desayuné hoy*
> *trabaja una mujer embarazada*
> *…*

O de la simple calle, noche y cielo;

> *Uno sale a la calle*
> *durante*
> > *la*
> > > *noche*
> *y ve brillar el cielo*
> *Quisiera uno nombrar*
> *a cada estrella*
> *…*

Y del tiempo, de los ciclos agrícolas y de los seres humanos que ven pasar su vida, sus tiempos en "sus trabajos continuados":

> *Los meses suceden*
> *y los frutos*
> > *repiten cada año*
> *…*

O en este poema sobre el mismo tema, donde con lenguaje coloquial y estructura breve llega a un arreglo sobre el tiempo:

> *Discutieron mucho*

> *sobre*
> *la*
> *estructura*
> *del*
> *tiempo*
> *y el acuerdo llegó*
> *cuando*
> *dormían*
> *cansados*

El poeta muestra la preocupación de la sociedad que le toca vivir y a través del lenguaje da una visión de su mundo, es un poema duro, crítico y doloroso, que muestra una realidad tangible de que los humanos vamos perdiendo poco a poco la memoria histórica, Fernández Iglesias escribe:

> *En algún sitio lejano*
> *como sucede*
> *en toda historia*
> *que*
> *se*
> *respete*
> *han erigido*
> *un monumento*
> *a la memoria*
> *y lo construyen*
> *con piedra frágil*
> *para poder destruirlo*
> *cada*
> *día*

Dice Octavio Paz que el "hombre es un ser que se asombra; al asombrarse, poetiza, ama, diviniza. En el amor hay asombro, poetización, divinización… El poetizar brota también del asombro y el poeta diviniza como el místico y ama como el enamorado" (*Ibidem*: 142), y Fernández Iglesias se asombra y asombra, se maravilla y entonces en un poema encierra la historia y el crecimiento del ser humano y dice:

> *Asombrado*
> *como la primera vez*
> *retiró el dedo adolorido*
> *y la maravilla*
> *le llenó los ojos*
> *porque el niño obtuvo*
> *un millón de años*
> *de experiencia*
> *al*
> > *descubrir*
> > > *el*
> > > > *fuego*

Si el poeta se asombra y escribe, el lector también lo hace al hacerlo suyo, porque el lector y el poeta se funden al hacerlo de ellos y para ellos, por lo tanto el poema existe:

> *Nunca pude recordar*
> *dónde*
> > *y quién*
> *me relató*
> *la historia del niño*
> *que metía el mar*
> > > *en un agujero*
> *muy muy pequeño*
> *que en la playa había*
> *Ese primer relator*
> *no pudo saber*
>
> *por dónde brota el mar.*

Porque a fin de cuentas el poeta es como un vocero de la historia, ya que hay una interrelación en nuestro vivir histórico, pues "el hombre es un nudo de fuerzas interpersonales. La voz del poeta es siempre social y común aun en el caso de mayor hermetismo" (*Ibidem*: 164).

Ahora veamos el poemario *Resorte*; si un resorte es un objeto metálico o de tela, que si se ejerce fuerza de ambos lados se estira y afloja, así es la vida, un estira y afloja, y qué sucede cuando se aguanga, pues el objeto se va desgastando, analógicamente la vida también se va acabando. Roberto Fernández Iglesias hace una comparación de *Resorte* con la vida del ser humano:

Para ser uno
hay que correr riesgos
Para alcanzarse
hay que ser actual
lanzado
la única solución
es
el intranauta colectivo
la elasticidad vital
Hoy es el día.

El principio de la vida está mostrado científicamente en el ADN (el ácido desoxirribonucleico) que es el elemento químico principal de los cromosomas y el material del que los genes están formados, y sabemos que el ADN está distribuido por la célula. Cuando se representa en el laboratorio la cadena de aminoácidos parecen resortes, resortes que son vida, Fernández Iglesias dice:

Si la vida es un resorte
de química y sueños

Y cuando la vida va terminando en un ser humano, su cadena, su resorte pierde resistencia, se va desgastando, y claramente el poeta acota:

La muerte

    deberá ser

el alargamiento
la pérdida de tensión

Ahí queda

    todo

Hasta la química

Sólo se transforman los sueños

Los dos temas que la humanidad siempre tiene presente, la vida y la muerte, los festeja, los celebra, con la muerte se termina todo, los sueños se transforman si hay vida, pero si hay creación poética, la "poesía no nos da la vida eterna, sino que nos hace vislumbrar aquello que llamaba Nietzsche 'la vivacidad incomparable de la vida'. La experiencia poética es un abrir las fuentes del ser. Un instante y jamás. Un instante y para siempre" (*Ibidem*: 155).

El poeta sigue con la vida y a fin de cuentas muestra y demuestra que la existencia es un resorte de luz y color:

Me gusta leer versos
durante el alto de los semáforos
Leer esos poemas breves
y encogidos resortes
que se disparan
entre colores
rojo
amarillo
verde
verde verde verde …

Cláxones.

El poema, "ser de palabras, va más allá de las palabras y la historia no agota el sentido del poema; pero el poema no tendría sentido –y ni siquiera existencia– sin la historia, sin la comunidad que lo alimenta y a la que alimenta" (*Ibidem*: 185); y así el poeta en el siguiente poema cuenta una historia, su historia, donde él se describe y llega a la conclusión que no le alcanzará la vida para saber, leer y escribir todo lo que quisiera y no hay de otra:

> *De niño me tocó*
> *ser muy sabio*
> *y poco inocente*
>
> *A los veinte*
> *era muy ignorante*
>
> *Ahora*
> *cuesta abajo en la rodada*
> *cada día ignoro más*
> *y no hay caminos.*

Roberto Fernández Iglesias siempre ha luchado para que se pague en metálico el trabajo intelectual y cultural, pues siempre se ha creído que a los escritores, y más los poetas, solo se conforman con un vaso de vino, Cesar Fernández Moreno lo dice muy significativamente: "se dice… que el ejercicio de la poesía exige el sacrificio de la vida. Se entiende aquí por vida el acaecer cotidiano y normal que es común a la mayoría de las gentes (estabilidad económica, social, emotiva, política)… el poeta sufre, además, otra circunstancia dramática que podríamos llamar profesional (aunque la poesía no es una profesión): ser permanente y obligatorio espectador de sus propias emociones, lo que comporta, en virtud de una ley psicológica, destruirlas, o al menos falsearlas o desviarlas. Esta autoconciencia no es una necesidad en los demás, a quienes no hace falta presenciar sus sentimientos, porque no han de escribirlos" (Fernández Moreno, 1973: 136).

Realmente no tengo ningún conocido o amigo poeta que viva de la profesión de poeta. Cuando se trabaja la poesía con honestidad, creatividad y continuidad, se necesita mucho tiempo, mucha dedicación y lectura, muchas horas de trabajo intelectual, no es sencillo, no es decir "soy poeta y en el aire las compongo", esto es mentira, y mucha razón tiene Fernández Iglesias cuando escribe:

> *Trabajó en los versos*
> *toda la vida*
>
> *Introdujo en ellos*
> *cuanto sabía y era*
> *Lo aprendido y lo ignorado*

Si has hecho un trabajo se te debe retribuir un pago y más cuando:
> *Trabajó*
> *el honesto sudor de la tecla*
>
> *Desvelado y soñante*
> *Arduo*
> *Luego quisieron pagar tanta labor*
> *con el viejo vaso de bon ron*

En el apartado *Y otras formas* se encuentran poemas con una variedad de temas, donde el poeta expresa cosas que son suyas y de su mundo, por ejemplo de su mundo intelectual en el poema "Donde se trata sobre la necesidad del último capítulo" donde es tangible su conocimiento de la obra de Cervantes; sabemos que en la novela de *El Quijote* hay fantasía, locura, soledad, humor, una terrible tristeza y crítica a una época, pero sobre todo la creación de dos personajes que al igual que en el poema de Fernández Iglesias, piden a gritos ser realmente leídos, porque:

> *Ningún caballero andante*
> *encontró esa muerte*
> *Era necesaria para leer sus aventuras*
> *Porque sabemos cómo acaban.*

Blanca Álvarez Caballero dice que Roberto Fernández Iglesias "propone en su obra hallar congruencias entre pensamiento y acto. Situarse hombres ya sociales, ya intelectuales, ya morales, ya íntimos a través del amor y la palabra. Ésa es la gran consigna poética del autor" (Álvarez Caballero, 2011: 36), pues el poeta no evade a la historia, incluso sus vivencias más secretas y personales se transforman en palabras que se han convertido en poemas íntimos, como cuando habla del padre, de su padre, con un inmenso respeto, cariño, ternura y amor, y dice:

> *Lo miré*
> *Nunca antes lo había hecho*
> > *Así*
>
> *no de tal modo*
> *Entendí*
> *Acepté al reconocer*
> *Ése es mi padre*
> *él sabe*
> *siempre ha sabido muchas cosas*
> > *no todas*
>
> *Desde entonces*
> *nunca hemos vivido más lejos*
> *en mundos tiempos países distintos*
> *Nunca lo he tenido*
> *tan cerca*
> > *reconocido y explicado*
> > *en admiración y amor*
>
> *Ahora no importa*
> *si otros padres son mejores*
> *yo tengo el mío aquí conmigo*
> *en mi vida y mis sueños*
> *en las derrotas está*
> *y en las alegrías*

O este otro poema "Sin regreso", más intimista, con el mismo tema:

Soy un Ulises que ya no podrá
volver al hogar paterno
Ya no hay hogar
            ni padre
                    ni regreso

Aquí quiero parar y reafirmar que el placer poético es también placer verbal y está sustentado en el lenguaje de la comunidad. La poesía y el creador son inseparables del trabajo poético y mucha razón tiene Octavio Paz cuando afirma que "todo poema es colectivo. En su creación interviene, tanto o más que la voluntad activa o pasiva del poeta, el lenguaje mismo de su época, no como palabra ya consumada, sino en formación: como un querer decir del lenguaje mismo. Después, lo quiera o no el poeta, la prueba de la existencia de su poema es el lector o el oyente, verdadero depositario de la obra que al leerla la recrea y le otorga su final significación" (Paz, 1973: 278).

Margarita Monroy Herrera
Casa de la Mayora
Metepec, Estado de México. Octubre, noviembre de 2013

BIBLIOGRAFÍA

Álvarez Caballero, Blanca (2011) *Imágenes lumínicas. Ocho escritores representativos en el estado de México (1960-2010).* Instituto Mexiquense de Cultura. Toluca.
Fernández Moreno, César (1973) *Introducción a la poesía.* Fondo de Cultura Económica. México.
Paz, Octavio (1973) *El arco y la lira.* Fondo de Cultura Económica. México.
Zaid, Gabriel (1987) *Leer poesía.* Fondo de Cultura Económica. México.

Canciones retorcidas

"El verdadero encanto de estas canciones se debe a que el compositor no se preocupó de si la gente lo iba a entender o no. Claro que, como en su mayoría las canciones fueron compuestas por músicos ciegos, no es de extrañar que tengan un sentido oscuro y retorcido".

Junichiro Tanizaki

Se sintió fuerte
extenuadamente sólido
hasta que pudo ocurrir
ese
    largo
          instante
del desprendimiento
de la primera hoja
        que
        cae
todavía

Los orfebres navajos
nunca acababan sus cacharros
y eran hechiceros
y narraban historias
que siempre
concluían
       sin
         fin

La viste crecer
y siempre lo hacía
Parece que cuando
cesó su crecimiento
dejaste de ver

Tomó el pulso del ocaso
y extendía las manos
buscando tocar algo
o comprender el cambio
y
    las
        precipitaciones
                de
                  las
                    cosas
   sucediendo

Hay tardes
pasadas tomando café
pensando
     y en alguna
se escribe un poema
     y en otra
se habla
     y hay más tardes

"Take care of the sense, and
the sounds will take care
of themselves".
Lewis Carroll

Uno sale a la calle
durante
      la
        noche
y ve brillar el cielo
Quisiera uno nombrar
a cada estrella
y no sabe hacerlo
aunque pudiera

Desliza el viento
su cuerpo
por los cuartos
de mi casa
Parece detenerse
a escuchar
las palabras de hoy
los ruidos permanentes
los recuerdos
Mientras siento
su aroma salado
de distancias
él vuelve a caminar
y se aleja
      y permanece

Los meses suceden
y los frutos
repiten cada año
en todos ellos
para los hombres
que ven
sus trabajos continuados

Tuvo afán de tiempos
               antiguos
remotos
     y
     tranquilos
y se apoyó sobre la cama
para pensar en ellos
tratando de revivirlos
hasta que
        lleno de cansancio
        y de correrías
        entre la floresta
el sueño coronó sus ojos

.

El tiempo se mueve
como las hormigas
y sus filas
son sinceramente largas
y llenas de flores
despedazadas

Todos recuerdan al viejo
y La Historia del Grano de Trigo
que esa noche relató
Todos recuerdan
                las sensaciones
pero nadie puede
por más esfuerzos que haga
volver
      a
        contar
           la
              historia

Roberto Fernández Iglesias

"Non omnes arbusta juvant, humilesque myricae".
Virgilio

En el restaurante
donde desayuné hoy
trabaja una mujer embarazada
y una vez
        sin quererlo
la sorprendí distraída
mientras
        acariciaba
            la
                barriga

En algún sitio lejano
como sucede
en toda historia
que
    se
      respete
han erigido
un monumento
               a la memoria
y lo construyen
con piedra frágil
para poder destruirlo
                  cada
                     día

La flor de muchos pétalos
en el aire duerme
y se mueve
Nosotros muchos pétalos
al movemos
cuando
      el
         aire
            cambia
            caemos

La desesperación
                    es una marca
en la conciencia
porque todo aquel que espera
está
        definitivamente
                        muerto

Me pongo a contar los pétalos
y pudiera entonces
pensar en absoluta
                      nada
pero la suavidad
de la flor
escapa por mis dedos

Se empecinó en contarlo
llamando en su auxilio
a todos los artífices
que en la historia existiesen
pero se le escapa
                    todavía

Entraría al baño
a sentir
el frescor del agua
Al desnudarse
cerró la ventana
y la ropa
fue ordenada
sobre una silla

*'La vida sin la base consciente
del ser es como un buque sin
timón".*
Majarishi Mahesh Yogi

Suspendida la enorme cantidad
de ruidos que lo rodeaban
todavía siguió andando
como todos los días
corriente tras corriente tras corriente
de agua silenciosa

No se puede decir
          tripas
y oler la hierba
para observar al mundo
a través
      de un bulto
            de cabello
Ayer sembró el limonero
Hoy espera pacientemente

Pasaba todo el día
frente al televisor encendido
y la mañana entera
más parte de la noche
Nadie sabe por qué
la tarde que apareció
la muerte buscando al viejo
el aparato se descompuso
irremediablemente

> (Es la misma vieja historia
> escrita por nadie
> en la que el animal muere
> cuando su compañero dueño
> desaparece)

Caminó detrás de los hombres
y dormía confiado
en la belleza que miraba
por las orillas de los caminos
Mas ahora
sentado con la hierba
      y las flores
siente la humedad
de la tierra
y ve pasar a los hombres

Tomó el instrumento
y para recordar a la muerte
con
    un
       poco
          de
            locura
y una pizca de alegría
cantaba algo dulce
sobre los arbustos verdes
de las laderas del monte

En la ciudad donde vivo
hay un Café
que me gusta
porque veo al mar
            muy cerca
y deseo escribir poemas
y hablar de las gaviotas
Eso hago ahora
veo
   al mar
y escribo
       sobre las gaviotas

Pidiendo permiso
a la dueña de la casa
sacó agua del pozo
y la bebía con tal gusto
que el agua brincaba
cayéndole sobre el pecho

Abrieron el agujero en la pared
y después
de sacar el cuerpo
por ahí
la casa recuperó su completud
y la memoria
               no deseaba
                      olvidar
al hombre
por eso
hicieron los altares
y las velas
y el último retrato

"El espíritu sin edad del esqueleto".
Lawrence Durrell

Nunca pude recordar
dónde
     y quién
me relató
la historia del niño
que metía el mar
          en un agujero
muy muy pequeño
que en la playa había
Ese primer relator
no pudo saber

por dónde brota el mar

Despacio
          como si doliera
el auto
arrastró las hojas
que iban cayendo
cuando el poeta caminaba
con las manos cruzadas
a la espalda
y todos los sonidos
               callaron
para él
porque había oído
la primera gota

Asombrado
como la primera vez
retiró el dedo adolorido
y la maravilla
le llenó los ojos
porque el niño obtuvo
un millón de años
de experiencia
al
   descubrir
         el
           fuego

La ciudad
perdió el alma
escapada
       hacia el mar
por un agujero
         en la coraza
Hoy terminan
        de reparar
la vía de escape
y la retocan de colores
para que luzca
igual que antes
para que parezca

Parece vagancia
el ocuparse de la vida
en mínimas expresiones
como seguir con los ojos
la ruta
      vacía
      de las hormigas
Me han dicho
que sólo sin oficio
puede
      pensarse
             en
                esas
                    cosas

Miró las montañas
          lejos
y las miró
     muchas veces
hasta
    que
       no
         supo
si las montañas venían
a meterse en sus ojos
o si estos viajaban
a pasear entre los árboles

Así crecieron las cosas
al unísono
con toda rapidez
y sin tomarse en cuenta
entre sí
las unas a las otras
de la misma forma
desaparecieron

Se dedicó a espiar
la vida de los insectos
y no sabía nombrar
a ninguno
Ahora los llama
con voz muy baja
y
  creo
     que
        lo
           entienden

Cuantas veces quiso
poner en sus poemas
la vida
esta sacaba la mano
y la puerta de las palabras
nunca
      alcanzó
              a
                 cerrarse
y una tarde
        cuando no dijo nada
y menos escribió cosa alguna
Fue entonces y sólo entonces
con
    los
      ojos
        cerrados

"Bajo las ramas oscuras caer el agua se oía".
Antonio Machado

Empujó el botón varias veces
y al no obtener
el efecto buscado
iba perdiendo la paciencia
hasta que súbitamente
empujar el botoncito blanco
produjo la luz
y el hombre
se sintió
      un
         poco
            creador
un poco nada más

La abulia dejó sus flores
descansando
en el centro
del pecho
y dormía tranquilamente
cuando la luz del sol
fue
creciendo
y el mar se mecía
en todas sus direcciones

La diferencia que
existe
entre
las
palabras
y
entre
las
cosas
es
más
amplia
cada
vez

Es imposible seguir así
se oye uno decir
y supone
       que repite
la frase de una canción mala
o el diálogo de una telenovela
escuchada de reojo
Es imposible seguir así
uno repite en su interior
y piensa
que sobre esa oración
podría
     escribir
          un
            poema

Discutieron mucho
sobre
    la
estructura
        del
    tiempo
y el acuerdo llegó
cuando
      dormían
        cansados

Salí de mi casa
ya mediada la mañana
y el sol me llenó
con la sensación del calor
y de los colores
que brotan de las cosas
Pensé que podía ser
una mañana digna
Mi mujer me dijo
antes de salir
que a medianoche
cerca de la casa
explotó una bomba

Sentado a la mesa
sacó papel de un cajón
y
   con
       una
           pluma
                negra
a un amigo lejano
iba escribiendo una carta

Corrió por las calles
con los pasos más largos
que salían de sus piernas
cuando quiso darle a su vida
un toque de locura
y no supo qué hacer
para completar la plenitud
con un poco de muerte

Hoy se me dio la idea
de ver el mundo
con los ojos de un niño
mas no pude
Sabía
     lo
        que
           estaba
               haciendo

Vagó por muchos lugares
buscando algo
en qué pensar
y conocía perfectamente
cada rincón de la ciudad
aunque para llenar la alegría
los espacios de su mente
se puso a descansar
sobre la tierra

Un día quiso hacer
una serie de poemas
que hablaran de flores
y árboles y lluvias y lugares
lejanos o familiares
llamándolos por su nombre
y de personas sencillas
o simples si era posible
Al empezar a escribirlos
fue enterándose
     No conocía
más que dos o tres flores
unos cuántos árboles
y los ríos y mares
se alejaban y nunca
había sentido la lluvia
y los lugares no dictaban versos
y las personas sobraban
en las palabras

El auto las casas la TV
las flores la luz
las mujeres el sueño las calles
los colores la voz
el saber
el grito aullido sirena
nada/nadie existe ya
ni uno mismo

En mi casa
dentro de mi origen
veo todas las tardes un avión
que se convierte en punto
más allá del mar
y siento deseos de regresar
a un sitio
en el que nunca estuve

Cuando niño viví
en un internado
y todas las tardes
veía un avión
con rumbo a mi país
y desde el salón de clases
o desde el campo de juegos
me distraje
con su paso cada tarde
hasta que sólo era
              un punto
en mi imaginación

RESORTE

"*resorte (Del fr. ressort.)o. Pieza, generalmente de metal, que puede recobrar su posición si se la separa de ella. // 2. Fuerza elástica de una cosa. // 3. Fig. Medio material o inmaterial de que uno se vale para lograr un fin*".

Real Academia Española
Diccionario de la lengua española
Décimonovena edición

Esta tarde me he sentado a revisar algunos escritos porque ofrecieron publicarlos. El miedo me tomó de la mano y no pude terminar la lectura. Me habían gustado esas cosas escritas por otro señor, ese personaje que fui y al cual no añoro.

Sentí, también, el inmenso temor de imitar esos versos que aquel señor aprendió en los maestros. Qué distancia hay entre aquél y sus maestros, y éste que ahora soy en la necesidad de imitar al que fui.

Lo peor es no tener respuesta. Si acaso ésta: hago constar sin ningún temblor y suscribo.

Ya experimenté el mar
Lo he visto allá lejos
y aquí cerca

Estuve encima
y dentro

Probé y comí
de él

Lo he soñado
Todavía no lo conozco

De niño me tocó
ser muy sabio
y poco inocente

A los veinte años
era muy ignorante

Ahora
cuesta abajo en la rodada
cada día ignoro más
y no hay caminos

Anoche se planteó
el problema

Alguien dijo
cómo hacer
para que cada día
sea igual y distinto

Todos los presentes
intentaron algo
de viva voz

Anoche hubo gran discusión
Después no pude dormir
Ahora salió el sol
y sopla el aire
Hay que trabajar
Para qué tanta alharaca

Hay que intentar
la poesía
A toda hora
en toda acción
Hablar y escribir
llevan
en el lenguaje
la poesía
Besar y acariciar
en el amor
Pelear
       es poesía en vida
Vivir es ejemplo máximo
Morir es historia pura

Trabajó en los versos
toda la vida

Introdujo en ellos
cuanto sabía y era
Lo aprendido y lo ignorado

Trabajó
el honesto sudor de la tecla

Desvelado y soñante
Arduo
Luego quisieron pagar tanta labor
con el viejo vaso de bon ron

Para ser uno
hay que correr riesgos
Para alcanzarse
hay que ser actual
       lanzado
La única solución
       es
el intranauta colectivo
la elasticidad vital
Hoy es el día

(hegeliana)

Siempre habrá estudiantes
y nunca morirá
el conocimiento
mientras haya humanos

pero el maestro es tránsito
y las autoridades más

Cuánto me gustaría
contar historias
y decir a los amigos
lo que he imaginado
Pero no me ocurren
más que cositas
ni siquiera chismes
Apenas pequeños rasgos
de situaciones mías
Mi persona desvelada
en el sueño de contar historias

En el mundo moderno
unos suben de peso
Otros bajan

En el medio están
quienes ignoran
cuanto pasa

Los textos breves
                 y encogidos
que desean dispararse
también aprovechan
las detenciones
   veloces
en los semáforos

Aquel poeta tuvo
la peregrina idea
de dedicar poemas
a gente
que no había muerto

Muchos años después
frente al pelotón de lectores
aquellas personas
hechas de letras y memoria
todavía no mueren

Jugaron
a los pecados capitalistas:
"Contra lujuria… indigencia
contra pesimismo … diligencia
contra creatividad… congruencia"

Luego pasaron
a los pecados socialistas

Ya no hubo tiempo de nada

Todo el amor está en los cuerpos
Todo cuerpo es un amor
una capacidad
                    un aprendizaje
Todo el cuerpo está en los amores
Todo amor está aquí

Me gustan los nombres
de la gente
Los oigo
y pienso
en una novela
donde son personajes
Si no encuentro
una narración
para meterlos
los borro

A veces son mis amigos
Otras no los vuelvo a ver

Unas novelas están escritas
otras nunca serán
y hay otras

En la vida
dos tentaciones permanentes
y zodiacales:
El monasterio y la cárcel
Ambas zonas de soledad
La vida señera
                    ermitaña
que es fácil producir
entre la muchedumbre
de los atardeceres civiles

La noche ya no tiene maleficios
ni siquiera fantasmas en sus tintas
Los espíritus satánicos partieron
detrás de nuestro abuelo
y dejaron hueca bolsa de papel
en los basureros del mundo
Ya ni la luna es parroquiano habitual
en el vacío de una lata
que puedes llenar con lo que quieras
Ahora es más que un fantasma
tiene más categoría
está llena de nada
y eso es

Sólo quedará
de mis voces
Cuanto tomé
                audaz
de los grandes maestros
            vecinos o lejanos
de esta lengua
y de aquella otra
Me acusarán siempre de expresión frágil

Audaz hasta el temblor
retenido en la duda
Soñado y roto
Inconformista
en el desborde feliz
Aún

"Quiero escribir un poema
que puedas comprender.
Pues de qué me sirve
si no lo vas a entender.

Pero tienes que tratar… "
William Carlos Williams

Cómo lograr una experiencia
donde la palabra ya no sea
y todo se integre
y hallar vida todavía
en el vacío
                tranquilo
largo de los sabios
y los pequeños locos
y los tontos
y los inocentes
ingenuos
que se creen poetas

(merleaupontyana)

Tener quien mire mi espalda
No tener
Simplemente que alguien diga
ese está desnudo
Un ser seguro que dirá
cuanto no alcanzo
de mí mismo
Lástima
si encuentro la ayuda
no puedo ofrecer intercambiar el servicio

Bolsas de aire articulado
descienden en medio de nosotros
    para insistir en vano
de la necesidad y sus hijos
Ay de cuantos escuchamos
la vanidad de los sonidos vacíos
No puedo decir que hacen
palabras

La constancia de la lluvia
desaparece muy pronto
Así
sucederá
con mis voces susurradas

Cómo me gustaría vivir
lo que nadie hubiera vivido:
Pasar aventuras
que nadie imaginara
Amar mujeres mejores
a las inventadas
Paisajes ni soñados
libros no leídos
Cazar en la zoología fantástica
Comer de un menú
que no ha sido escrito

Lo mejor será
el día que lo cuente

Lo único terrible
es llorar
y no saber por qué

Quien llegue a conocer
la causa del llanto
debe suspender el acto
y atacar
            de frente
toda causa

o sentarse lloroso
con la natural impotencia
a cuestas

Roberto Fernández Iglesias

Tan precaria como el sueño
es la vigilia

También este afán
de decir cosas
de hacer constar
simples olas en la arena

Al llegar a esta época
los humanos somos
la ciudad

Partes y todo
Paisaje múltiple y uno
Terminable y definido
Se ha cumplido el horizonte

Constatación no hace moral

(memorando permanente)

Hoy quiero estudiar
y también quiero escribir

Si esa no es vida
no me importa estar vivo

Como uno se entera
que ha terminado
la época de lluvias
o la de calor

así
descubre
todas las cosas
No hay transiciones
De pronto sabemos
y ya

Los manuscritos que tengo
por desgracia
tienen el nombre del autor
quien no es otro que yo

Ojalá fueran anónimos
Sería más fácil
venderlos

No se necesita mucho
Tanto como el recuerdo
de ese trombón
aquella voz
y los tambores con ritmo

Uno baila solo
mientras alguien llora
Uno recuerda y baila

Roberto Fernández Iglesias

Los amigos que uno deja de ver
debieran quedar ahí
en los recuerdos gratos
porque al rencontrarlos
siempre cuentas la muerte
de alguien a quien amábamos

¿Quién quiere
       regresar
a los orígenes?
¿Por qué
sufrir
nostalgias de lo que fue?
¿Para qué
tanta queja?
La vida estará
       siempre
en lo futuro
en lo no vivido
       todavía

Por eso abandonemos
el pasado
       lo ya visto
y suframos
       nostalgia
por el porvenir

Me gusta leer versos
durante el alto de los semáforos
Leer esos poemas breves
y encogidos resortes
que se disparan
entre los colores
rojo
amarillo
verde
verde verde verde…

Cláxones

Si tanto me odias
por qué no te mueres
le dijo la mujer
y él pensó
ya viene el cortejo
etcétera etcétera

La mujer habló más
y el hombre suspendía
en lo posible
la audición

Al final
la mujer tuvo que callar
y él pensaba
ya no se oyen
los claros clarines
etcétera etcétera

Si tanto me quieres
por qué no te callas

Si la vida es un resorte
de química y sueños
La muerte
    deberá
ser
el alargamiento
la pérdida de tensión

Ahí queda
    todo
Hasta la química

Sólo se transforman los sueños

"Has gastado los años y te han gastado,
Y todavía no has escrito el poema".
Jorge Luis Borges

(interpretación)

El poeta escribe sus versos
El lector los lee
El mundo sigue su marcha
                    Cojea

Eso es lo que hay
una bolsa de poemas
llena de agujeros
por donde entran las palabras

Y mi libreta
que estaba de vacaciones
descansando
al sol de mi bolsillo
grande como una casa
ha tenido otra vez
que picar poemas
en las piedras de mis sueños

y...
es todo cuanto hay:
una bolsa de poemas
llena de agujeros
para que entren y salgan
quienes leen

       oyen

        sueñan

y hasta los indiferentes

Y OTRAS FORMAS

DONDE SE TRATA SOBRE LA NECESIDAD DEL ÚLTIMO CAPÍTULO

El Borges y yo estamos de acuerdo
Él murió sin saberlo
Nunca fuimos a las mismas cantinas
Él escribió y me tocó aceptar
De nada sirve decir que estaba pensado
Si Alonso Quijano no hubiera muerto
estaría en el olvido más infeliz
Otra vez muerto
por la misma enfermedad de aquel siglo
Hasta fue bautizada como bilis negra
Debió morir como Alonso Quijano el Bueno
aunque fue llamado también
Quejana Quesada Quijada Quijana
y hasta Quijote de la Mancha
Con esos descuidos editoriales
tenía más nombres que vidas
pero al final fue Alonso Quijano el Bueno
Al final murió de melancolía
según diagnóstico del forense Sancho Panza
Ningún caballero andante
encontró esa muerte
Era necesaria para leer sus aventuras
porque sabemos cómo acaban
El Borges no lo dijo por eso
pero yo sí
Qué bueno llegar a muerto
con tanto nombre
con tanta historia
De otro modo nadie recordaría

BARCO SIN MAR

> *"la ciudad (…) pasa*
> *como un barco de locos*
> *por la noche"*
> Jorge Gaitán Durán

Este navío lunático y solar
pasa las 24 horas
tan cargado de locura
que parecen 30 o 40
Lejos del oceano
la gran nave recuerda
lagos llenos de paisaje
secados a lengüetazos
por el montón de pasajeros orates

¿Qué demente pensó
fondear aquí en abismo polvoso?
¿Cuál águila y cuál serpiente?
Apenas quedan nopales
con pocas tunas
pocas

En este crucero por el polvo
permanecer es demencia
pura furia puro rencor
contra todo y contra nada
contra el espejo de una historia
contada a gritos
y repetida por cada maniaco
de cualquier manera y de todos modos

Quien sufre un mínimo ataque de cordura
escapa a nado por las piedras
sin importar golpes y heridas
mientras frenéticos polvorientos
cantan alabanzas al espíritu navegante
que los habita
cantan cualquier cosa
cantan y sueñan y hasta bailan
una peregrinación
antiguos lagos llenos de paisaje
un águila y una serpiente y un nopal

Sólo eso existe
y la navegación contra toda esperanza

TRES POEMAS CON LA DINASTÍA T'ANG

Uno

Li Po – Tu Fu – Po Chu Yi – Wang Wei
disparo en la vieja pronunciación
El dirigente del sindicato de escritores chinos
revela asombro en la voz del traductor
La mesa queda en silencio
esperan respuesta
apenas va la primera copa
En muchos viajes nunca le habían tirado
esos nombres en ráfaga
Pregunto si tiene en la memoria
algún poema de ellos
En español digo de Li Po
Si es la vida un gran sueño
¿para qué atormentarse?
Yo bebo todo el día
Cuando me tambaleo
me duermo al pie de las columnas...
Y al terminar ruego
nunca he oído eso en chino
Nunca sabré si el traductor me engañó
pero el dirigente sólo tenía en la memoria
poemas del Gran Timonel Mao Tsé Tung
Sólo me quedó beber como Li Po
durante el resto de la comida

Dos

Estoy en la fila para tramitar mi pensión
cada instante repito nunca pensé en llegar hasta aquí
Hay varias filas con gente como yo
o mayor o más joven
pero no mucho
A los oficinistas todo es igual
todos somos el mismo todos iguales
Olvidan que pagamos su salario
El aire está quieto y pesado
La luz es de los focos en el techo
Leo a Li Po a Tu Fu a Po Chu Yi a Wang Wei
la dinastía T'ang es nobleza poética
Ahí el aire corre
el sol llama al espíritu
y la luna brinda con nosotros
Cuán lejos estoy de todo eso
cuando me despierta la voz chillona
que casi grita ¡asunto!

Tres

A quién recetaré
el premio inútil de la inmortalidad
como Tu Fu a Li Po
Tengo tantos maestros en mis memes
y no puedo soñar en uno solo
Ni siquiera aseguro
su aparición en estas voces
por más que intento alzar el volumen
En mi sentir reconozco
muchas posibilidades
pero no hay tantos premios inútiles de inmortalidad
ni tantos aspirantes
aunque por momentos veo poesía
en rincones inesperados
a la vuelta de cualquier página de alguna revista
o en el manuscrito de algún amigo

IMITAR A LOS ANTIGUOS

Eso me dijeron
Así es necesario empezar
Así lo hice
Eso intenté una y otra y otra vez
Por aquellos intentos fui loado
Hasta laureles metálicos me coronaron
pero siempre estuve lejos
del resplandor antiguo
Muy lejos
Siempre sentí cómo
la lengua se anudaba en mi garganta
la voz sólo era una infinita espuma triste
Aún intento construir algo antiguo
aunque sienta huir el vigor
No importa
algo aprendí en los maestros
He sido honesto
honesto hasta aburrir

RECETA

Para escribir un poema
se necesita
la ausencia de recetas
y el recetario completo

Luego
quemarlo todo
aplicando todo el calor
sin calcinar la mezcla

La calidad del producto
puede pertenecer al azar
y a la habilidad
del artífice o a su torpeza

En fin
uno se lanza al abismo
y para llegar a la poesía
nunca lleves paracaídas

HOTEL BONAMPAK

Tuxtla Gutiérrez, Chiapas

Nunca tejí
en sus pasillos
alguna historia de amor
              o de espías
No he sabido
de amores furtivos
aunque debe haber
en todo tiempo conjugable
No he sido personaje
mas que de cotidianos
sucesos de un hotel
Confieso disfrutar
la amabilidad discreta
los manjares servidos con afición
y sin saber hasta hoy
cada vez que entro a otro hotel
hago comparaciones justas
y siempre quiero
que todos sean el Bonampak
como me gustaría
que todo el amor
    y todas las mujeres
se llamaran Margarita

Todo el amor
y todas las mujeres
se llaman Margarita
Todos los hoteles
son el Bonampak de Tuxtla

Aunque puedo rechazar
todo amor que no es Margarita
resulta imposible rechazar hoteles
que no son Bonampak

REÍR SIEMPRE

No se me da el llanto
prefiero la risa
         reír hasta la carcajada
también sonrisas
gestos amables
             guiños
pero no el llanto
aunque luego me caen lágrimas
encimadas en plácida manera de lluvia
No lloro aunque me acuerde

Río sin mayor pretexto
por cualquier cosa
Quizá eso ayuda a vivir más
¿Y el llanto? ¿Ayuda igual?
Quizá
No sé bien ni quiero saber
No me gusta el lloro
mucho menos el lloriqueo
No es lo mío

Siempre preferiré la risa
por mínima y tonta que sea
Siempre reír por todo y por nada
Aunque duela
Reír hasta después del final
Mantener abiertas puertas y ventanas y sueños
para la risa
aunque luego caigan lágrimas
sobre el corazón
dijo el poeta maldito
como lluvia sobre la ciudad

SAUDADE

Quizá mi única añoranza
sea el mar
Está tan lejos de aquí
Quizá por eso lo sueño
El único sueño que me permite repetir
el gorilacerbero del inconsciente

Cuánto me gustaría estar allá
para saludarnos cada día
cada tarde
cada hora
cada momento
Mientras
sólo cabe esa ausencia
Puedo soportar las otras
con más o menos entereza
pero el mar está adentro
donde las cosas duelen o alivian
donde está la mejor vida
Quizá sólo tendré tiempo
para visitarlo algunas veces
Mientras
tengo su ausencia
aquí guardada tesoro loco
donde está mi propio ser
lo único mío de verdad
hasta que se acabe

Eslabones

In memoriam AFD

Antes me había enseñado cosas
la dirección de muchos actos
era suya
Antes había aprendido con y desde él
pero no fue hasta esa noche
cuando entendí
Ese fue el primer aprendizaje
que supe enseguida
de dónde venía
Ante la oposición general
él dijo
el sitio donde uno nace
no es el lugar
donde debe morir

Lo miré
Nunca antes lo había hecho
Así
no de tal modo
Entendí
Acepté al reconocer
Ése es mi padre
él sabe
siempre ha sabido muchas cosas
no todas

Desde entonces
nunca hemos vivido más lejos
en mundos tiempos países distintos
Nunca lo he tenido
tan cerca

reconocido y explicado
en admiración y amor

Ahora no importa
si otros padres son mejores
yo tengo el mío aquí conmigo
en mi vida y mis sueños
en las derrotas está
y en la alegría

Ya morirá mi padre
y no haré nada
lo importante estará aquí conmigo
y ojalá pueda mi hijo afirmar
ése es mi padre
sin saber que es su abuelo
o su bisabuelo o aquel
que inició la cadena

SIN REGRESO

Soy un Ulises que ya no podrá
volver al hogar paterno
Ya no hay hogar
        ni padre
              ni regreso
Soy Ulises con boleto
para una sola dirección

Siempre hubo un sueño
donde el viajero regresaba
y ya no será posible

Por eso caeré con las sirenas
y me perderé
con alguna Circe de cualquier esquina

También habrá
largo amor doméstico
en brazos inmortales de la ninfa Calipso

Jugaré a las lanzadas
con todo Polifemo
que encuentre
Al fin
     ya no llevo prisa
        ni sueño volver
al hogar paterno que no existe

Ya no hay lugar
        ni padre
Sólo este poema
entre otros

NIÑA MORENA Y ÁGIL

1

> *Antirrefrán: las comparaciones*
> *son ociosas, y la niña morena y ágil*
> Fernando Arrabal

A qué comparas
niña morena y ágil
la gimnasia sin rito
y las flexibles proezas juveniles

Son ociosas niña
esas comparaciones
igual a la de carnes feroces
frente a tiernas limitaciones

No hay gimnasia válida
no existe agilidad capaz
Vale más cuidado respeto ternura
en frecuentes lecciones
repetidas hasta cansar

Por mí compara
niña morena y ágil
no me importa perder
las justas atléticas
con tal de edificar
amor sueño infinito

2

Arrabalesco: Niña morena y ágil a
boca jarro de buen cubero
Fernando Arrabal

Era la visión cotidiana
y la distancia laboral
Niña morena y ágil
para el buen cubero
la distancia insalvable

Al tiempo
niña morena y ágil
das a boca jarro
de buen cubero
para descubrir mundos
dentro de ti
sin la falsa magia
de tu agilidad de niña morena

3

Ni tan niña
                ni tan morena
pero sí muy ágil
comparada
con el viejo objeto
                casi inmóvil
Una bailarina baila
alrededor y sobre la roca
Así me hace ella

Sólo tiene un eje de carne
para impedir su vuelo
Gira se agita y retuerce
Estira su cuerpo
Encoge brazos y piernas
Cabeza y pelos son resplandores
Música de respiraciones
        frases cortadas
        gemidos
gruñidos estertores inspiraciones
la roca tiembla
la no tan niña
        ni tan morena
precipita sus movimientos
quiere desprenderse del eje
quiere sacarlo de la roca
gruñe y brama
braman y gruñen
y un final suspiro
La bailarina deposita su cuerpo
sobre la roca
El eje pierde su fuerza
La música es de respiraciones
cada vez más tranquilas
Los ojos ya ven
        los oídos oyen
Ni tan niña
        ni tan morena
y ahora ya no tan *ágil*
descansa sobre la roca
ay la roca sueña
en el próximo baile

EL ÚLTIMO POEMA

1

Cómo asegurar que un poema
pueda ser el último
el ya no hay más
Cómo decidir hasta aquí
A lo mejor con una fecha
Posiblemente dejarlo incompleto
Algunos romanticotes lo firmarían
con una última gota de sangre
Por eso mejor insisto
y siempre hay uno próximo
será el uyuyuy soñado
No hay modo de seguridad

Entonces
preguntar cómo estar seguro
de que un poema sea
cuanto debe ser
y ya es bastante

2

El último poema
no tendrá nada especial
Como los otros
estará lleno de palabras

Cualquier otra cosa será cortesía
de lectores y amigos

Todo cuanto digan ellos
sobre vida y sueño
o muerte y mundo
será extraordinario
y el poema
con las palabras y conmigo
reirá hasta el agotamiento

3

El último poema
quizá está ya hecho
desde hace algunos años
o quizá lo haga ahora
a esta edad que disfruto
o es posible mañana
o después
pero habrá uno final
por suerte

4.

Ese dichoso último poema
no será nada diferente
estará como los otros
armado con palabras
lleno de ellas
siempre sobrado

Ni siquiera saber
si tendrá lectores
Ni yo
que soy mal lector de mis cosas
Con lo que me gusta
leer las de otros
(será por mi buen gusto poético)

De algo estoy seguro
Este de ahora
no es el primero
y tampoco podrá ser el maldito último
Si lo fuera
me sentiría decepcionado
hasta las lágrimas
o triste y solo
abandonado a leerlo una y otra vez
hasta que me guste
hasta que se gaste

www.ingramcontent.com/pod-product-compliance
Lightning Source LLC
Chambersburg PA
CBHW021237090426
42740CB00006B/573